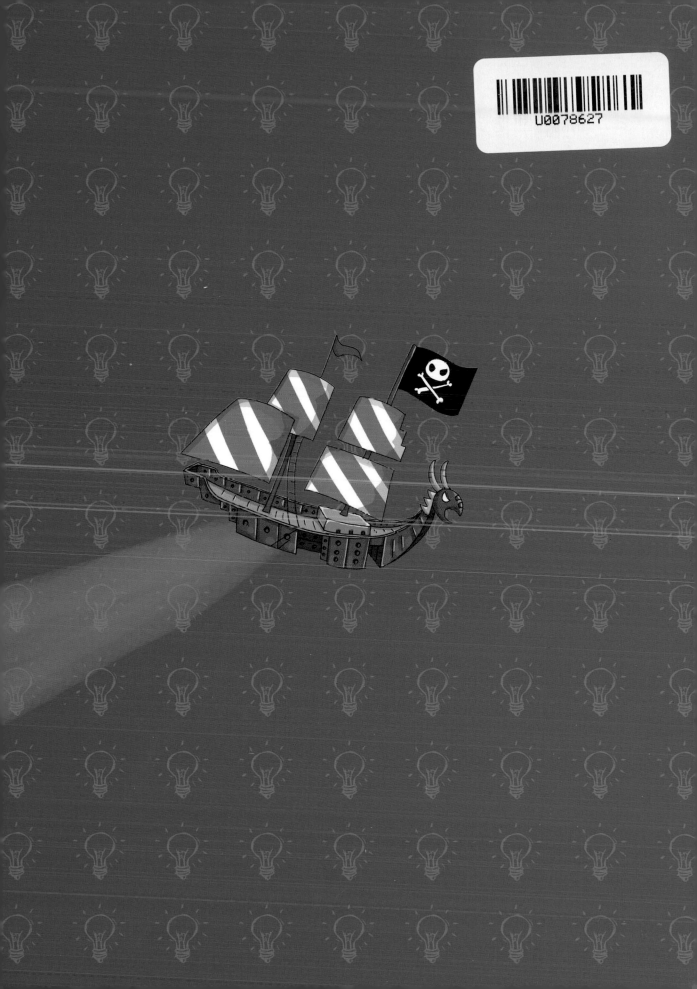

國家圖書館出版品預行編目資料

樂高父子／郭怡汾著;漢斯繪.－－初版二刷.－－臺
北市：三民，2021
　　　面；　　公分.－－(兒童文學叢書/創意MAKER)

　　ISBN 978-957-14-6158-8　（精裝）
　1. 克里斯欽森(Christiansen, Ole Kirk, 1891-1958)
　2. 克里斯欽森(Christiansen, Godtfred Kirk, 1920-
1995)
　3. 傳記 4. 通俗作品 5. 丹麥

781.08　　　　　　　　　　　　　　105009261

創意 MAKER

樂高父子

作　　　者	郭怡汾
繪　　　者	漢　斯
主　　　編	張燕風
企畫編輯	郭心蘭

發 行 人	劉振強
出 版 者	三民書局股份有限公司
地　　址	臺北市復興北路 386 號 (復北門市)
	臺北市重慶南路一段 61 號 (重南門市)
電　　話	(02)25006600
網　　址	三民網路書店 https://www.sanmin.com.tw

出版日期	初版一刷 2016 年 7 月
	初版二刷 2021 年 4 月
書籍編號	S857891
I S B N	978-957-14-6158-8

創意
MAKER !

樂高父子 OLE CHRISTIANSEN & GODTFRED CHRISTIANSEN

建造積木王國

郭怡汾/著　漢斯/繪

三民書局

主編的話　　　抬頭見雲

隨著「近代領航人物」系列廣獲好評，並獲得出版獎項的肯定，三民書局的出版團隊也更有信心繼續推出更多優良兒童讀物。

只是接下來該選什麼作為新系列的主題呢？我和編輯們一起熱議。大家思考間，偶然抬起頭，見到窗外正飄過朵朵白雲。

有人興奮的說：「快看！大畫家畢卡索一手拿調色盤，一手拿畫筆，正在彩繪奇妙的雲朵！」

是呀！再看那波浪一般的雲層上，建築大師高第還在搭建他的尖塔！

左上角，艾雪先生舞動著他的魔幻畫筆，捕捉宇宙的無限大，看見了嗎？

嘿！盛田昭夫在雲層中找到了他最喜愛的 CD，正把它放入他的隨身聽……

閃亮的原子小金剛在手塚治虫大筆一揮下，從雲霄中破衝而出！

在雲端，樂高積木堆砌的太空梭，想飛上月球。

麥克沃特兄弟正在測量哪一朵雲飄速最快，能夠成為金氏世界紀錄。

……

有了，新的叢書就鎖定在「創意人物」這個主題上吧！

大家同聲附和：「對，創意實在太重要了！我們應該要用淺顯的文字、豐富的圖畫，來為小讀者們說創意人物的故事。」

現代生活中，每天我們都會聽見、看見和接觸到「創意」這兩個字。但是，「創意」到底是什麼？有人說，「創意」就是好點子。但好點子是如何形成的？又是在什麼樣的環境助長下，才能將好點子付諸實現，推動人類不斷向前邁進？

編輯團隊為此挑選了二十個有啟發性的故事，希望解答上述的問題，並鼓勵小讀者們能像書中人物一般對事物有好奇心，懂得問「為什麼」，常常想「假如說」，努力試「怎麼做」。讓想像力充分發揮，讓好點子源源不絕。老師、家長和社會大眾也可以藉此叢書，思索、探討在什麼樣的養成教育和生長環境裡，才能有效的導引兒童走向創意之路？

雲屬於大自然，它千變萬化，自古便帶給人們無窮想像；雲屬於艾雪、盛田昭夫、高第、畢卡索……這些有突出想法的人，雲能不斷激發他們的創意；雲也屬於作者、插畫家和編輯團隊，在合作的過程中，大家都曾經共享它的啟發。

現在，雲也屬於本書的讀者。在看完這本書以後，若有任何想法或好點子願意與大家分享，歡迎寄到編輯部的信箱 sanmin6f@sanmin.com.tw。讀者的鼓勵與建議，永遠是編輯團隊持續努力、成長的最大動力。

2015 年春寫於加州

作者的話

　　說到積木玩具的歷史，可上溯至 18 世紀。一開始是木製的，孩童可以使用四方體、長方體、圓柱體及拱橋形等木塊，搭建出許多建築物。等到 1930 年代，隨著塑膠問世，積木玩具也進入了豐富多彩的塑膠時代，而其中最具劃時代意義的，當屬「樂高積木」。

　　1932 年，丹麥人歐爾·科克·克里斯欽森創立樂高公司的前身，開始生產木製玩具。他堅持品質絕不打折，使樂高玩具從此與「高品質」三個字畫上等號，還在 1946 年引進丹麥第一座「塑膠射出成型機」，讓樂高公司在未來的塑膠玩具市場上，奪得先機。如此高瞻遠矚，歐爾不愧為樂高公司的奠基人。

　　高弗瑞·科克·克里斯欽森是歐爾的三子，十二歲時便進入樂高公司工作，除了致力於開發玩具的銷售管道，日後讓樂高產品行銷全球外，他架構出來的「玩樂系統」，以及費了十年光陰才開發成功的「樂高積木」，更是樂高公司在玩具市場上屹立不搖的關鍵。

　　樂高公司的成功，令其他玩具公司紛紛跟進，著手打造專屬的玩樂系統，但其成就均無法與樂高公司相比。樂高積木獨特的「凹凸管卡榫系統」，更在專利權到期後，成為許多公司致力模仿的對象。也因此，樂高公司成為管理學界絕佳的研究案例，樂高父子也隨之踏入了值得兒童認識的創意人物殿堂。

　　在接到編輯的邀稿時，我又陷入興奮與焦慮夾雜的狀態。「興奮」這一點很好理解，一是將有稿費可以領，二是能藉創作人物故事接觸陌生的題材，開拓眼界，真是再好不過了。「焦慮」這一點也不難懂，當腦門上頂著搖搖欲墜的「截稿日」三個大字，哪個作者在瞪著空白一片的 word 文檔時能不焦慮啊？而在寫了四個版本的開場，卻又刷刷刷全盤毀去時，這種焦慮就更深了。

　　市面上少數幾本論及樂高公司的書籍，對樂高父子的著墨均不多，網路上查到的人物生平也相當簡略。我雖非巧婦，但面對這樣零星片斷的資料，也頗有無米難炊之嘆。再加上這回書局規劃的篇幅只有幾千字，目標讀者是低年級以上的小朋友，如何在趣味性與可讀性之間取得一個平衡點，對我來說是個相當嚴峻的考驗。好在柳暗花明又一村，當我在兒子的胡攪蠻纏下，努力用他能懂的方式講述樂高公司的沿革時，困擾我許久的問題居然迎刃而解，本書也順利誕生。

　　在完書後，我一方面鬆了一口氣，總算沒砸了自家招牌，辜負書局所託；另一方面又升起一番惶恐，憂心這本書能否得到小讀者的喜愛。我由衷希望這次嘗試能吸引孩子的目光，更滿心期待能用六千多字就傳達我的想法：從閱讀人物生平之中，明瞭「唯有堅持不懈的努力，才能成就偉大的創意」。

消防員公仔向你問好！

　　穎穎收到舅舅送的生日禮物，一組樂高公司出品的消防車積木，笑得嘴都合不攏了。他努力裝乖，勉強憋到客人通通回家了，才三兩下拆開包裝盒，依照說明書開始組裝起來。

　　時間不知不覺的流逝，一轉眼就到了晚上十一點。穎穎組積木組得入迷，媽媽三催四請叫他去睡覺，他嘴巴上應著「好、好、好」，屁股卻黏在地墊上一寸也沒動，不曉得要磨蹭到半夜幾點鐘。

　　迷迷糊糊中，他瞇了下眼

睛，等再度睜開雙眼時，竟發現自己歪著身體趴在地墊上，原來是一個不小心睡著了。他打個大呵欠，睡眼模糊的爬起來要去上廁所，腳下一踩，突然一陣劇痛！

「好痛啊！」

　　抱著傷腳、痛得齜牙咧嘴的穎穎頓時呆住了。這個叫痛的，可不是他自己啊！

　　他低頭一看，只見一個樂高的消防員公仔正雙手插腰、橫眉豎目的仰頭瞪著自己。

　　「小朋友，你怎麼走路不看路，亂踩人呢？」消防員公仔很不客氣的責問他。

　　穎穎反射性的說聲「對不起」，隨即驚嘆的說：「玩具居然會說話！難道《玩具總動員》裡演的通通是真的？」

　　公仔哼了一聲，「我可不知道《玩具總動員》是什麼，不過只要發揮想像力、創造力，積木的世界可以有無限可能。比如

說……」他一拍手，盒子裡的積木嘩啦啦噴了出來，嗖嗖嗖組成消防車，瞬間又拆解開來，輪番組成救難直升機、太空梭以及海盜船。

穎穎看得目瞪口呆，好一陣子後才回過神，「真是太了不起了！」

公仔驕傲的仰起鼻尖，踮個二五八萬似的，「這有什麼好了不起的，世界上多的是樂高迷傾全力用樂高積木創造出來的作品，小到各種名人的公仔，大到車水馬龍、熱鬧非凡的城鎮，甚至還有真的可以住人的小樓房，花樣之多，就算你再多生出十隻眼睛也看不完。」

「哇喔，真強！」穎穎聽得雙眼發亮，悠然神往，「等我長大，也要用積木打造一座屬於我自己的工程車博物館，搜集挖土機、推土機、堆高機和砂石車！」

「有志氣！」公仔大讚一聲，然後問:「不過，你知道為什麼樂高積木可以組裝出這麼多東西嗎？」

穎穎很老實的搖搖頭。

公仔雙手抱住一塊積木，高高舉起，三百六十度轉上一圈。

「你看，這個樂高積木表面上有八個圓形凸起，裡頭有三個中空

圓柱，這種結合了凸起與圓柱的卡榫式結構，可以讓積木緊扣在一起不鬆脫，而能組合出各種複雜的造型，是樂高積木的最大特色。根據電腦統計，單只是六個這種 2×4 個凸起的積木，就可以產生超過九億種組合變化呢！」

穎穎嘖嘖稱奇，不禁拎起積木，仔細觀察了一番。「這麼屬害的設計，到底是哪個天才想出來的啊？」他問道。

公仔得意的回答:「告訴你，被譽為『世紀玩具』的樂高積木，是出自樂

高公司的創辦人之手，並經由他兒子多年的設計與改良，終於在1958年定型成今日的模樣，從此風行全球超過半世紀。不過呢，樂高公司並不是以積木起家的，一開始做的甚至不是玩具。」

穎穎被勾起了好奇心，「那麼是做什麼的呢？」

「這個啊，」公仔咯咯笑了一聲，雙臂往右邊一擺，大聲宣布：「讓我們有請樂高公司的創辦人──現身說法！」

樂高創辦人登場

隨著他的介紹，地墊上的積木滾動、集中，喀噠喀噠一下子就組成一個精巧的公仔。他有一張圓圓的臉，鼻梁上架著黑框眼鏡，灰白的短髮服貼，淡淡的笑容看起來慈祥可親，一襲黑色西裝讓他顯得沉穩內斂。

「你好，我是歐爾・科克・克里斯欽森。」他說著伸出手。

　　穎穎受寵若驚的用大拇指、食指捏著對方的手搖了搖。「你好，我是穎穎，很榮幸認識你。」

　　「聽消防員公仔說，你對樂高積木的由來很感興趣？」

　　「是啊。」穎穎點點頭，「可以請你說給我聽嗎？」

　　「行。」歐爾用手杖敲敲身旁的積木，眨眼間就組合成一張扶手椅，然後一屁股坐了下來。「我年紀大了，話難免多點，希望你不要介意。」他停了停，似乎在思考要從何講起，最後慢慢話起當年。

　　「我是丹麥人，1891 年出生在日德蘭半島南部。十四歲那一年，我在哥哥的教導下，學習怎

樣當一個合格的木匠，等到二十歲該學的都學會了，便壯起膽子出國討生活。我先是去德國，又輾轉走趟挪威，直到二十五歲時存夠錢才回丹麥結婚，並買下家鄉附近畢蘭鎮裡的一座木工廠，僱用幾個工人，開始以建築裝潢房屋，製作家具維生。」

「今日樂高公司的大本營畢蘭鎮，是丹麥南部大區的第二大鎮，但在一百年前，畢蘭鎮的人口還不足三百人，周遭一片荒涼，只有零零星星的農場小屋沿著鐵道分布。因為客源有限，我的木工廠生意有些清淡，但勉強夠我養活一家六口和一幫工人。只可惜好景不常，1930年代，由於美國經濟持續衰退，丹麥的農業經濟受到很大的打擊，畢蘭鎮一帶的農莊倒的倒、垮的垮，連日常生活都成問題，更別提蓋房子、買家具了。」

「糟糕，這下該怎麼辦呢？」穎穎很擔心的皺起了眉頭。

歐爾沉鬱的嘆口氣。「現在

回想起來，那真是段可怕的時光。工廠沒有訂單，不要說發給員工薪水，就連自家的生活費都籌不出來。我陸陸續續解僱了員工，並努力將工廠轉型，生產附近農家平常可能用到的東西，像是燙衣板、摺梯、凳子等等。此外我還利用剩下的材料，試著製造一些玩具。」

聽到這裡，穎穎覺得很疑惑。「玩具？日子都過不下去了，還會有人想買玩具嗎？」

「當然會有人買！」一個聲音突然插了進來：「因為小孩子本來就應該擁有玩具！」

穎穎循聲望去。原來是個積木公仔，同樣是矮矮胖胖的身材

比例，但穿著襯衫、吊帶褲的他，看起來相當年輕。

歐爾一聲輕咳，有點尷尬的說：「不好意思失禮了。這是我家老三，名叫高弗瑞，是我們家對做生意最有興趣的孩子，打從十二歲就進工廠幫忙，是我一刻也少不了的小助手。」

「哇，好厲害啊！」穎穎崇拜的看著高弗瑞，暗自決定明天要幫媽媽多做幾件家事，做個懂事的好孩子。

歐爾愛憐的拍了下高弗瑞的頭，解釋說：「大部分的父母都是疼愛子女的，哪怕生活困難，若能用一個玩具讓孩子露出笑臉，相信還是會有父母動心──至少

我就是這麼認為的。孩子們的母親在這段艱困時光中過世時，我就做了好多好多玩具，希望能讓他們暫時忘記失去母親的痛苦。」

這話令穎穎心裡酸酸澀澀的。

　　歐爾旁觀高弗瑞玩積木車，神情似乎也有些悲傷，過了好一會兒才繼續說：「新開闢的玩具生產線營運情況還不錯，雖然我常常拿不到現金，但不時有周遭的農家，願意用自家的農產品跟我交換玩具，總算讓我們一家平平安安的撐了過來。」

「真是太好了。」穎穎終於放下心頭的鬱悶，露出大大的笑臉。

歐爾也回他一個微笑。「隨著生產規模的擴大，為了更好行銷玩具，我想了又想，終於在 1934 年，把公司定名為 LEGO，也就是中文的『樂高』。LEGO 這個簡潔又好記的名字，改寫自丹麥語中的 leg godt，意思是『玩得好』；而在拉丁文裡，LEGO 可以翻譯成『組合在一起』，居然誤打誤撞的符合了日後樂高積木的中心思想。不過呢，在那個草創時期，小汽車、巴士、船隻、動物模型、西洋棋盤組、溜溜球之類的木製玩具，才是公司的主要產品。」

高弗瑞不知什麼時候溜過來了，接口補充：「除了四處拜訪玩具經銷商，努力拓展銷售管道之外，我們還按時推出新款玩具，力圖給挑剔的消費者更多選擇。而我正是在協助父親製作玩具的過程中，切身體會到父親對『只有最好的才夠好』這個座右銘的堅持。」

只有最好的才夠好

「咦？聽起來有內幕喔。」穎穎興奮的催促道：「快講快講，不要吊我胃口了啦！」

「說起來其實有點丟臉。」高弗瑞有點不好意思的抿抿嘴。

「父親做玩具，向來是選用最好的木料，按照設計圖裁切、組合、打磨完成後，先上一層保護漆、再上三層油漆，經過充分乾燥才大功告成。不過那時由於物資缺乏，我便想到假如製作成本可以降低，豈不就等於增加產量嘛！於是決定少塗一層油漆——」

穎穎叫了起來：「嘿，這其實是偷工減料吧！」

「呃……確實、是……偷工減料……沒錯。」高弗瑞結結巴巴的承認，臉都紅了。「父親發現後狠狠訓了我一頓，還要求我挨家挨戶去跟客戶道歉，回收那批不合格的玩具，重新上漆乾燥後再親自送還給客戶。」

穎穎本想說一句「這還差不多」，但看高弗瑞已經羞愧到恨不得挖個地洞躲進去，便好心的閉上了嘴。

「這件事給我很大的教訓。」高弗瑞指揮積木拼出父親的座右銘，端端正正的擺在穎穎面前。「我明白了父親對品質的要求，

並不因對象是玩具、日用品、家具或房屋而有不同，也不接受任何給品質打折扣的藉口，更領悟了唯有『品質』才是生產的最高原則。最後我把這句座右銘刻在木板，掛到工廠廠房的牆上，時時刻刻提醒大家：只有最好的才夠好。」

「說得太好了！」穎穎贊同得直拍手，「我們老師也常叮嚀我們，做事不可以馬馬虎虎、得過且過，因為人若習慣敷衍了事，很快就會退步了。」

「沒錯，就是這個道理。」高弗瑞點頭附和，舉起小手跟穎穎的拳頭碰了碰，一副哥兒倆意氣相投的模樣。

　　歐爾滿臉含笑，等他們打鬧夠了，才接著說:「時光飛逝，樂高公司的業務量穩定成長。雖然1942年曾因電線短路釀成大火，燒毀整座工廠與庫存商品，樂高公司還是很快的重建了工廠，而且規模更大、更符合生產線的需求。之後，不過一年時間，這間小小的家族企業，員工已增加到四十名。」

「然而時代不斷往前邁進，機器、材料不停推陳出新，樂高公司若不想被喜新厭舊的消費者拋棄，只有時刻繃緊神經，保持創新。由於看見了塑膠玩具蘊含的商機，1946 年時我親自作主，花了公司兩年利潤，引進英國最新開發出來的塑膠射出成型機。」

「什麼是『塑膠射出成型機』啊?」穎穎沒聽過這東西。

「塑膠射出成型機是一種用來把塑膠塑造出形狀的機器。它會先將塑膠原料顆粒加熱融化,再高壓注入模具,比如一個鴨子造型的模具;等冷卻定型後再取出來,就是我們所要的塑膠玩具鴨了。」

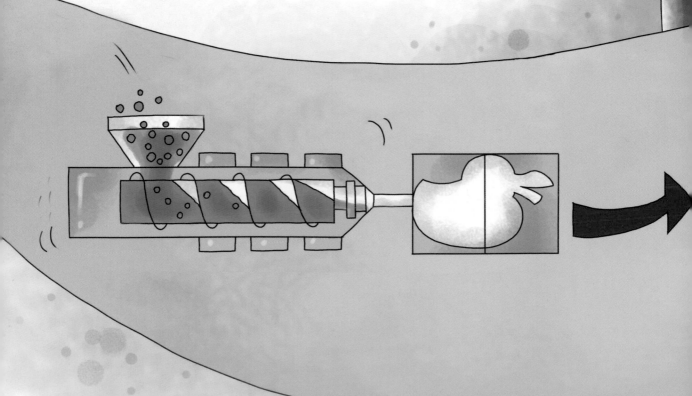

　　高弗瑞接口說：「除了一般的塑膠玩具外，我們還修改英國發明家佩吉的設計，於1949年推出了『自動連結積木』。這款塑膠積木的造型跟今日的樂高積木很像，表面有2×2或2×4個圓形凸起，不過裡頭是中空的。可以用來堆疊成房子、高塔，但缺點是積木間的連結並不穩固，稍微一推，組好的作品就散架了。」

　　穎穎聽了，一針見血的說：「這樣玩起來跟木製積木根本沒有差別嘛！小朋友的爸爸媽媽看了，說不定還覺得木製積木比較自然質樸，比較值得購買呢。」

　　「所以這款塑膠積木賣得不是很好，退貨一大堆啊。」高弗瑞

聳聳肩，語氣很輕鬆，似乎對這
點不是很在意。

　　穎穎想來想去想不通，便
問：「積木賣得不好，難道你不擔
心嗎？」

高弗瑞笑而不語，一副莫測高深的樣子，歐爾卻哈哈一笑，將雙手一攤，「樂高公司推出的產品可多了，這麼多年下來，賣不好的產品也不只自動連結積木一項，有什麼好擔心的。再說我堅信這款塑膠積木很有發展潛力，只是需要比較多的時間沉澱、打磨，才有發光發熱的一天。而事實證明，我想的一點也沒錯。」

樂高積木稱霸天下

　　穎穎似懂非懂的喔了一聲，捏起一塊積木左看右看。「後來呢？今天的樂高積木又是怎麼出現的呢？」

　　「這就要感謝這個孩子了。」歐爾拍拍高弗瑞的肩膀，滿臉與有榮焉的表情。「他花了整整十年的時間，持續改良積木，歷經多次失敗，終於成功設計出今日的『凹凸管卡榫系統』，使積木能穩固的連結在一起，卻又不會緊到無法拆開。而新的塑膠材料，更讓積木成品擁有精密、耐磨、扣得緊密的特性，可以隨意

組裝出結構複雜的作品，終於使樂高積木成為玩具市場上最令人耳目一新的商品。」

「十年耶！看不出你這麼有耐性。」穎穎上上下下打量高弗瑞，心裡想著：成功者大概都是這樣吧，除了要有好構想、好創意，更要有落實創意的恆心與毅力，絕不輕言放棄，最後才能成就一番事業哩！

高弗瑞被穎穎看得臉又紅了，擺擺手說：「其實真正讓樂高積木享譽玩具界的，並不是這個卡榫系統，而是它的『玩樂系統』。」

又來了一個陌生的名詞。穎穎嘟起了嘴，有點氣惱自己沒聽

過的東西怎麼這麼多。「什麼又是『玩樂系統』啊?」

歐爾似乎看出他的不甘,拍拍他的膝蓋安慰他,「這也是高弗瑞想到的,就麻煩他來解釋吧。我們這些凡人,就不要去猜那些天才的腦袋裡,都裝些什麼東西了。」

「爸,你這是在糗我吧。」高弗瑞好氣又好笑的搖搖頭,轉身為穎穎說明:「所謂的玩樂系統,指的是用樂高的基本積木元件去組合拼接的玩法。在這個玩樂系統下,『城堡系列』裡的積木城堡可以打散了,跟『太空系列』裡的積木太空船混搭著玩,最新一代的樂高積木更可以跟1958年

的第一代積木組合在一起。就是這種縱向與橫向的兼容，才成就了一個千變萬化、永不煩膩的樂高積木世界。」

穎穎瞄了一眼牆腳那堆「不可擴充」的玩具鼓、玩具釣魚組、動物玩偶、各式玩具車，突然領會了高弗瑞的意思。

是啊，這些玩具的構造都是固定的，就算可以抓著長頸鹿布偶玩打鼓、用玩具車載運釣到的塑膠魚，布偶依然是布偶、車依然是車，絕對沒法像樂高積木一樣，把房子拆了改組成太空梭。

他越想越覺得這個玩樂系統很可貴，忍不住追問：「那你是怎麼想到要創造玩樂系統的啊？」

「這就要歸功於我去英國倫敦參加玩具展時，在渡輪上遇到的一位玩具商了。」高弗瑞踢了旁邊的積木一腳，積木滾過去跟其他的撞成一堆，喀啦喀啦組成一艘渡船，船底下藍、白二色的積木波浪不停的起伏蕩漾。

「記得那是 1954 年 1 月，那位很有想法的玩具商跟我抱怨，玩具製造公司老是想到什麼就生產什麼，既沒有系統，也缺乏創

意，消費者玩沒多久就膩了，買過一次絕不會再買第二次。他認為製造商應該努力開發可以相互連結、重複銷售的玩具系統，這樣他們推銷方便，我們生產上也比較單純。」

　高弗瑞眼神閃閃發亮的說：「我覺得他的建議很有道理，回家後重新檢視公司的兩百多項產品，發現『積木』最符合簡單耐用、變化多端、不退流行、容易配售等條件，便以積木為核心，重新規劃出一個以小鎮為主題的積木組合。」

　　高弗瑞又踢了踢腳邊的積木，讓積木一個撞一個，最後組成一座平房，旁邊還圍了個小花園。「就像這樣，孩子們不但可以根據說明書，用積木組合出各式房舍，用搭配的汽車、樹木、路牌、交通號誌來裝飾街景，還能購買零件補充包來豐富自己構築的小鎮景觀。這種可擴充式的玩具在今天可能不稀奇，但在六

十年前，可是石破天驚的一項創舉。」

「沒想到小小的塑膠積木裡，居然有這麼大的學問。」穎穎才剛感嘆完，突然注意到一件事：「你剛才說樂高公司有超過兩百項的產品，可是我只聽過樂高積木啊，那其他的一百九十九項到哪裡去了呢？」

高弗瑞慢悠悠的回答：「通通放棄了。」

「咦、咦、咦，這是為什麼？」穎穎有點傻住了。不要說放棄除了積木以外的所有產品，哪怕只是放棄其中一半，也會對公司的營收造成很大的影響吧？

「因為資源是有限的，什麼

都想做，只會什麼都做不好。樂高公司既然選定塑膠積木作為核心產品，就該全心投入塑膠積木的開發；唯有讓設計師專心研究塑膠積木的新玩法，才可能產生最具突破性的創意。」

高弗瑞的眼神自信，語氣堅定，那副胸有成竹的架勢，不愧為率領樂高公司，走在玩具界尖端的企業領導人。

但穎穎心裡還是不太踏實，「你這樣會不會冒險了點啊？畢竟大家都說：『不要把雞蛋放在同一個籃子裡』。」

「不、不，這你可就想錯了。」高弗瑞舉起雙手，在胸前比了個大叉叉。「樂高公司正是因為專注在塑膠積木上，才能充分發揮積木的潛力，而能在限制了積木形狀、顏色與大小的情形下，呈現出最豐富多樣的創意。於是，當其他積木公司因為不夠專精，逐漸被時代淘汰掉時，樂高公司依然屹立在玩具市場上，甚至風靡了全世界。」

　　「喔，原來如此。」穎穎點點頭，還想問點什麼的時候，房門突然叩叩叩的敲響了，同時門把開始轉動。

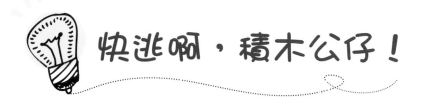

快逃啊，積木公仔！

「穎穎，十二點半了，你為什麼還不睡覺？」媽媽的聲音聽起來氣炸了。

「喝！大人來了！趕快分解開來！」消防員公仔尖叫著東奔西跑，歐爾、高弗瑞的積木公仔應聲拆開，嘩啦啦散落一地。

「喂，等等、等——我的消防車……」穎穎來不及阻止，趴在地墊上，看著散碎得非常徹底的消防車積木，真是欲哭無淚。半個晚上的努力成果，就在消防員公仔的瞎指揮中，全、部、毀、了！

房門嘎吱一聲打開，露出頭頂冒著濃濃黑煙的媽媽的臉。

「穎穎，你再不去睡覺，玩具就沒、收、了！」

「好嘛、好嘛。」穎穎委屈的望了積木最後一眼，拖拖拉拉的爬上了床。

「少擺出這副可憐的樣子，我是不會同情你，讓你繼續玩的。」媽媽一眼就看透了他的小把戲，沒好氣的說：「睡飽了明天再玩，行嗎？」

「好啦好啦。」穎穎蒙上棉被，悶聲悶氣的說：「媽咪晚安。」

「晚安。」媽媽關上燈，轉身離開臥室。

黑暗中一片寂靜，再沒有半

點積木公仔們活動的痕跡。穎穎翻過身，注視著滿地零碎的積木，回想今晚的奇遇，不禁咧嘴一笑，心滿意足的閉上雙眼，引頸期盼明天的到來。

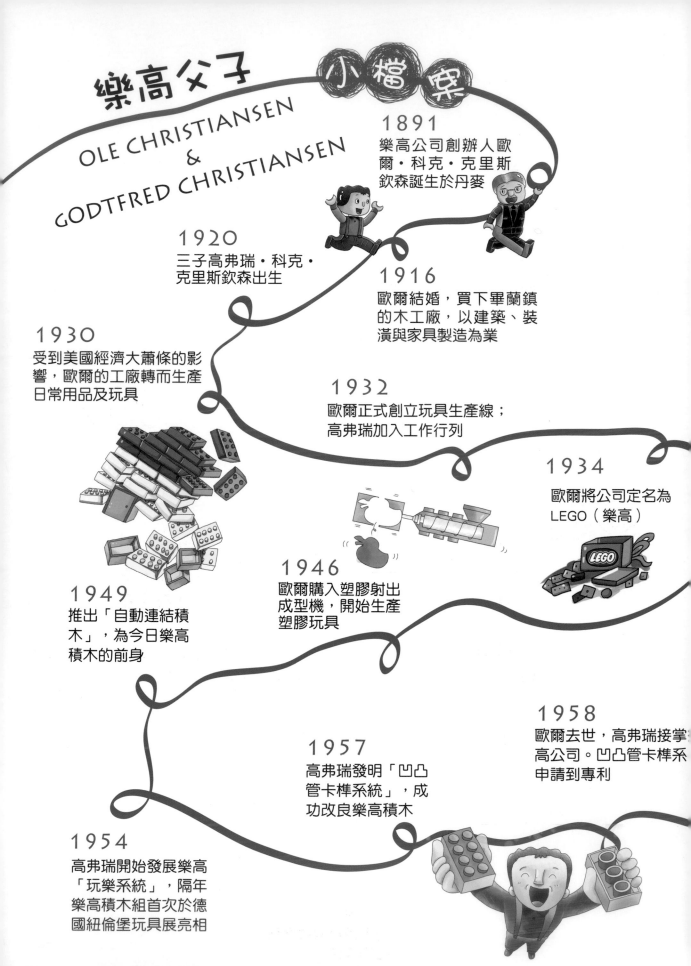

樂高父子 小檔案

OLE CHRISTIANSEN
&
GODTFRED CHRISTIANSEN

1891
樂高公司創辦人歐爾・科克・克里斯欽森誕生於丹麥

1920
三子高弗瑞・科克・克里斯欽森出生

1916
歐爾結婚,買下畢蘭鎮的木工廠,以建築、裝潢與家具製造為業

1930
受到美國經濟大蕭條的影響,歐爾的工廠轉而生產日常用品及玩具

1932
歐爾正式創立玩具生產線;高弗瑞加入工作行列

1934
歐爾將公司定名為LEGO(樂高)

1949
推出「自動連結積木」,為今日樂高積木的前身

1946
歐爾購入塑膠射出成型機,開始生產塑膠玩具

1958
歐爾去世,高弗瑞接掌高公司。凹凸管卡榫系申請到專利

1957
高弗瑞發明「凹凸管卡榫系統」,成功改良樂高積木

1954
高弗瑞開始發展樂高「玩樂系統」,隔年樂高積木組首次於德國紐倫堡玩具展亮相

寫書的人

郭怡汾

　　書蟲一隻，成天窩在書堆裡，一刻沒盯著文字就渾身不自在。熱愛在資料海洋中翻滾，深深覺得能夠藉寫作這門工作，多方擴展閱讀範圍，是生活裡最快樂的事，所謂「寓娛樂於工作」是也。本書是繼《汨羅江畔的悲吟：屈原》、《一件裘衣三十年：晏嬰》、《牛郎織女傳》、《弗萊明》、《凱因斯》與《鏡花緣》之後，與三民書局合作出版的第八本書。

畫畫的人

漢　斯

　　出社會後沒幾年，因承接到繪本的插畫邀稿而辭去工作，開啟了插畫創作生涯的起點，一路畫到現在，不曾停歇。出版過電腦插畫教學書籍，在插畫領域默默耕耘十餘載，擅長可愛溫馨的風格，作品收錄於《亞洲插畫師年鑑 Collections 2015》。目前為全職插畫家，住在海邊的小鎮，持續從事插畫創作。臉書搜尋：漢斯。

1960
樂高公司停止生產
木製玩具

1979
高弗瑞正式退休，
兒子克伊爾德繼任
公司總裁

創意 MAKER  創意驚奇雲

飛越地平線，
在雲的另一端，

創意 x 無限

撥開朵朵白雲，你會看見一道亮光……

 是 創意 MAKER 的燈泡亮了！

跟著它們一起，向著光飛翔，由它們指引你未來的方向：

（請依直覺選擇最具創意的顏色）

選 的你

請跟著畢卡索、艾雪、安迪‧沃荷、手塚治虫、鄧肯、凱迪克、布列松、達利，在各種藝術領域上大展創意。

選 的你

請跟著盛田昭夫、7-Eleven創辦家族、大衛‧奧格威、密爾頓‧赫爾希，想像引領創新企業的挑戰。

選 的你

請跟著高第、樂高父子、喬治‧伊士曼、史蒂文生、李維‧史特勞斯，體驗創意新設計的樂趣。

選 的你

請跟著麥克沃特兄弟、格林兄弟、法布爾，將創思奇想記錄下來，寫出你創意滿滿的故事。

本系列特色：

1. 精選東西方人物，一網打盡全球創意 MAKER。
2. 國內外得獎作者、繪者大集合，聯手打造創意故事。
3. 驚奇的情節，精美的插圖，加上高質感印刷，保證物超所值！

還有！還有！

內附注音，小朋友也能「自‧己‧讀」！
創意 MAKER 是小朋友的必備創意讀物，
培養孩子創意的最佳選擇！